Mocktail
Recipe Book

© Copyright 2020

Table of Contents

Page	Cocktail
1	Go big or go soam
2	
3	
4	
5	
6	
7	
8	
9	
10	
11	
12	
13	
14	
15	
16	
17	
18	
19	
20	

Table of Contents

Page	Cocktail
21	
22	
23	
24	
25	
26	
27	
28	
29	
30	
31	
32	
33	
34	
35	
36	
37	
38	
39	
40	

Table of Contents

Page	Cocktail
41	
42	
43	
44	
45	
46	
47	
48	
49	
50	
51	
52	
53	
54	
55	
56	
57	
58	
59	
60	

Table of Contents

Page	Cocktail
61	
62	
63	
64	
65	
66	
67	
68	
69	
70	
71	
72	
73	
74	
75	
76	
77	
78	
79	
80	

Table of Contents

Page	Cocktail
81	
82	
83	
84	
85	
86	
87	
88	
89	
90	
91	
92	
93	
94	
95	
96	
97	
98	
99	
100	

p. 1   Date: _____

Name of the drink: Go big or go soan

Difficulty ● ● ○ ○ ○

Ingredients: Pomigranate ~~juice~~ juice
~~that~~ pineapple and coconut juice
apple juice
egg white
ice cubes

Instructions: Shake 150 ml of Ponigranate juice with 150 ml of pineapple and coconut juice. Then shake with 2 tsp of egg white. Finally, shake with ice.

Decorations: cocktail umbrella
sugar rim

Rating
★ ★ ★ ☆ ☆

Notes: _____

Date: _____ p. 2

Name of the drink: orange refresher

Difficulty ● ● ○ ○ ○

Ingredients: 150ml Pomegranate juice
100ml orange juice
3 tsp egg white
Ice
lemon juice

Instructions: Shake the Pomegranate juice with the orange juice with a squeeze of lemon juice. Shak again with egg white for 10 seconds. Shake with ice

Decorations: Cocktail umbrella
Flaming dried orange
Sugar rim

Rating
★ ★ ★ ☆ ☆

Notes: Dried orange is has alcohol on top

p. 3　　　　　　　　　　　　Date: _____

Name of the drink: Mango & Apple refresher / Appetiser

Difficulty ● ○ ○ ○ ○

Ingredients: 100 ml Apple & Mango Juice
150 ml Pinapple and Coconut Juice
3 tsp egg white
Lemon Juice

Instructions: Shake all the Juice with the egg white for 10 seconds. The put ice and lemon juice in the shaker and shake again for 10 seconds.

Decorations: Mint leas
Cocktail umbrella

Rating ★ ★ ☆ ☆ ☆

Notes: _____

Date: _____ p. _____

Name of the drink:_____

Difficulty ○ ○ ○ ○ ○

Ingredients:_____
_____
_____
_____
_____
_____

Instructions:_____
_____
_____
_____
_____
_____

Decorations:_____
_____
_____
_____
_____

Rating
☆ ☆ ☆ ☆ ☆

Notes:_____
_____
_____
_____
_____
_____

p. _____   Date: _____

Name of the drink: _____

Difficulty ◯ ◯ ◯ ◯ ◯

Ingredients: _____
_____
_____
_____
_____
_____

Instructions: _____
_____
_____
_____
_____
_____

Decorations: _____
_____
_____
_____
_____
_____

Rating
☆ ☆ ☆ ☆ ☆

Notes: _____
_____
_____
_____
_____
_____

Date: _____ **p.** _____

Name of the drink:_____

Difficulty ○ ○ ○ ○ ○

Ingredients:_____
_____
_____
_____
_____
_____
_____

Instructions:_____
_____
_____
_____
_____
_____
_____

Decorations:_____
_____
_____
_____
_____
_____

Rating
☆ ☆ ☆ ☆ ☆

Notes:_____
_____
_____
_____
_____
_____

p. _____   Date: _____

Name of the drink:_____

Difficulty ○ ○ ○ ○ ○

Ingredients:_____
_____
_____
_____
_____

Instructions:_____
_____
_____
_____
_____

Decorations:_____
_____
_____
_____

Rating

☆ ☆ ☆ ☆ ☆

Notes:_____
_____
_____
_____
_____

Date: _____ **p.** _____

Name of the drink:_____

Difficulty ○ ○ ○ ○ ○

Ingredients:_____
_____
_____
_____
_____
_____

Instructions:_____
_____
_____
_____
_____
_____

Decorations:_____
_____
_____
_____
_____

Rating
☆ ☆ ☆ ☆ ☆

Notes:_____
_____
_____
_____
_____

p. ____ Date: _____

Name of the drink:_____

Difficulty ○ ○ ○ ○ ○

Ingredients:_____
_____
_____
_____
_____
_____

Instructions:_____
_____
_____
_____
_____
_____

Decorations:_____
_____
_____
_____
_____
_____

Rating
☆ ☆ ☆ ☆ ☆

Notes:_____
_____
_____
_____
_____

Date: _____   **p.** _____

Name of the drink:_____

Difficulty ○ ○ ○ ○ ○

Ingredients:_____
_____
_____
_____
_____
_____
_____

Instructions:_____
_____
_____
_____
_____
_____
_____

Decorations:_____
_____
_____
_____
_____
_____

Rating
☆ ☆ ☆ ☆ ☆

Notes:_____
_____
_____
_____
_____
_____

p. _____   Date: _____

Name of the drink:_____

Difficulty ○ ○ ○ ○ ○

Ingredients:_____
_____
_____
_____
_____
_____

Instructions:_____
_____
_____
_____
_____
_____
_____

Decorations:_____
_____
_____
_____
_____
_____

Rating
☆ ☆ ☆ ☆ ☆

Notes:_____
_____
_____
_____
_____
_____

Date: _____ **p.** _____

Name of the drink:_____

Difficulty ○ ○ ○ ○ ○

Ingredients:_____
_____
_____
_____
_____
_____
_____

Instructions:_____
_____
_____
_____
_____
_____
_____
_____

Decorations:_____
_____
_____
_____
_____
_____
_____

Rating
☆ ☆ ☆ ☆ ☆

Notes:_____
_____
_____
_____
_____
_____

p. _____   Date: _____

Name of the drink:_____

Difficulty ○ ○ ○ ○ ○

Ingredients:_____
_____
_____
_____
_____
_____

Instructions:_____
_____
_____
_____
_____
_____

Decorations:_____
_____
_____
_____
_____

Rating
☆ ☆ ☆ ☆ ☆

Notes:_____
_____
_____
_____
_____

Date: _____ p. _____

Name of the drink:_____

Difficulty ○ ○ ○ ○ ○

Ingredients:_____
_____
_____
_____
_____
_____

Instructions:_____
_____
_____
_____
_____
_____

Decorations:_____
_____
_____
_____
_____

Rating
☆ ☆ ☆ ☆ ☆

Notes:_____
_____
_____
_____
_____

p. _____   Date: _____

Name of the drink:_____

Difficulty ◯ ◯ ◯ ◯ ◯

Ingredients:_____
_____
_____
_____
_____
_____

Instructions:_____
_____
_____
_____
_____
_____

Decorations:_____
_____
_____
_____
_____

Rating
☆ ☆ ☆ ☆ ☆

Notes:_____
_____
_____
_____
_____

Date: _____ **p.** _____

Name of the drink:_____

Difficulty ○ ○ ○ ○ ○

Ingredients:_____
_____
_____
_____
_____
_____

Instructions:_____
_____
_____
_____
_____
_____

Decorations:_____
_____
_____
_____
_____

Rating
☆ ☆ ☆ ☆ ☆

Notes:_____
_____
_____
_____
_____

p. ____   Date: _____

Name of the drink: _____

Difficulty ○ ○ ○ ○ ○

Ingredients: _____
_____
_____
_____
_____
_____

Instructions: _____
_____
_____
_____
_____
_____

Decorations: _____
_____
_____
_____
_____
_____

Rating
☆ ☆ ☆ ☆ ☆

Notes: _____
_____
_____
_____
_____

Date: _____ p. _____

Name of the drink:_____

Difficulty ○ ○ ○ ○ ○

Ingredients:_____
_____
_____
_____
_____
_____
_____

Instructions:_____
_____
_____
_____
_____
_____
_____

Decorations:_____
_____
_____
_____
_____

Rating
☆ ☆ ☆ ☆ ☆

Notes:_____
_____
_____
_____
_____
_____

p. _____ Date: _____

Name of the drink:_____

Difficulty ○ ○ ○ ○ ○

Ingredients:_____
_____
_____
_____
_____
_____

Instructions:_____
_____
_____
_____
_____
_____

Decorations:_____
_____
_____
_____
_____

Rating
☆ ☆ ☆ ☆ ☆

Notes:_____
_____
_____
_____
_____
_____

Date: _____ **p.** _____

Name of the drink:_____

Difficulty ◯ ◯ ◯ ◯ ◯

Ingredients:_____
_____
_____
_____
_____
_____

Instructions:_____
_____
_____
_____
_____
_____

Decorations:_____
_____
_____
_____
_____

Rating
☆ ☆ ☆ ☆ ☆

Notes:_____
_____
_____
_____
_____

p. _____   Date: _____

Name of the drink:_____

Difficulty ○ ○ ○ ○ ○

Ingredients:_____
_____
_____
_____
_____
_____

Instructions:_____
_____
_____
_____
_____
_____

Decorations:_____
_____
_____
_____
_____

Rating
☆ ☆ ☆ ☆ ☆

Notes:_____
_____
_____
_____
_____
_____

Date: _____ p. _____

Name of the drink:_____

Difficulty ○ ○ ○ ○ ○

Ingredients:_____
_____
_____
_____
_____
_____

Instructions:_____
_____
_____
_____
_____
_____

Decorations:_____
_____
_____
_____
_____

Rating
☆ ☆ ☆ ☆ ☆

Notes:_____
_____
_____
_____
_____
_____

p. _____   Date: _____

Name of the drink:_____

Difficulty ○ ○ ○ ○ ○

Ingredients:_____
_____
_____
_____
_____
_____

Instructions:_____
_____
_____
_____
_____
_____

Decorations:_____
_____
_____
_____
_____
_____

Rating
☆ ☆ ☆ ☆ ☆

Notes:_____
_____
_____
_____
_____
_____

Date: _____ p. _____

Name of the drink: _____

Difficulty ○ ○ ○ ○ ○

Ingredients: _____
_____
_____
_____
_____
_____
_____

Instructions: _____
_____
_____
_____
_____
_____
_____

Decorations: _____
_____
_____
_____
_____
_____

Rating
☆ ☆ ☆ ☆ ☆

Notes: _____
_____
_____
_____
_____
_____

p. ____   Date: _____

Name of the drink:_____

Difficulty ○ ○ ○ ○ ○

Ingredients:_____
_____
_____
_____
_____
_____

Instructions:_____
_____
_____
_____
_____
_____

Decorations:_____
_____
_____
_____
_____
_____

Rating
☆ ☆ ☆ ☆ ☆

Notes:_____
_____
_____
_____
_____

Date: _____ **p.** _____

Name of the drink:_____

Difficulty ○ ○ ○ ○ ○

Ingredients:_____
_____
_____
_____
_____
_____

Instructions:_____
_____
_____
_____
_____
_____

Decorations:_____
_____
_____
_____
_____
_____

Rating
☆ ☆ ☆ ☆ ☆

Notes:_____
_____
_____
_____
_____
_____

p. ____ Date: _____

Name of the drink:_____

Difficulty ○ ○ ○ ○ ○

Ingredients:_____
_____
_____
_____
_____
_____

Instructions:_____
_____
_____
_____
_____
_____
_____

Decorations:_____
_____
_____
_____
_____
_____

Rating
☆ ☆ ☆ ☆ ☆

Notes:_____
_____
_____
_____
_____

Date: _____ **p.** _____

Name of the drink:_____

Difficulty ◯ ◯ ◯ ◯ ◯

Ingredients:_____
_____
_____
_____
_____
_____

Instructions:_____
_____
_____
_____
_____
_____

Decorations:_____
_____
_____
_____
_____
_____

Rating
☆ ☆ ☆ ☆ ☆

Notes:_____
_____
_____
_____
_____
_____

p. _____   Date: _____

Name of the drink:_____

Difficulty ○ ○ ○ ○ ○

Ingredients:_____
_____
_____
_____
_____
_____

Instructions:_____
_____
_____
_____
_____
_____

Decorations:_____
_____
_____
_____
_____

Rating
☆ ☆ ☆ ☆ ☆

Notes:_____
_____
_____
_____
_____

Date: _____ **p.** _____

Name of the drink: _____

Difficulty ○ ○ ○ ○ ○

Ingredients: _____
_____
_____
_____
_____
_____
_____

Instructions: _____
_____
_____
_____
_____
_____
_____

Decorations: _____
_____
_____
_____
_____
_____

Rating
☆ ☆ ☆ ☆ ☆

Notes: _____
_____
_____
_____
_____
_____

p. ____   Date: _____

Name of the drink:_____

Difficulty ○ ○ ○ ○ ○

Ingredients:_____
_____
_____
_____
_____
_____

Instructions:_____
_____
_____
_____
_____
_____

Decorations:_____
_____
_____
_____
_____
_____

Rating
☆ ☆ ☆ ☆ ☆

Notes:_____
_____
_____
_____
_____

Date: _____ **p.** _____

Name of the drink:_____

Difficulty ○ ○ ○ ○ ○

Ingredients:_____
_____
_____
_____
_____
_____

Instructions:_____
_____
_____
_____
_____
_____

Decorations:_____
_____
_____
_____
_____

Rating
☆ ☆ ☆ ☆ ☆

Notes:_____
_____
_____
_____
_____

p. _____   Date: _____

Name of the drink:_____

Difficulty ○ ○ ○ ○ ○

Ingredients:_____
_____
_____
_____
_____
_____

Instructions:_____
_____
_____
_____
_____
_____

Decorations:_____
_____
_____
_____
_____
_____

Rating
☆ ☆ ☆ ☆ ☆

Notes:_____
_____
_____
_____
_____
_____

Date: _____ p. _____

Name of the drink:_____

Difficulty ○ ○ ○ ○ ○

Ingredients:_____
_____
_____
_____
_____
_____

Instructions:_____
_____
_____
_____
_____
_____

Decorations:_____
_____
_____
_____
_____
_____

Rating
☆ ☆ ☆ ☆ ☆

Notes:_____
_____
_____
_____
_____
_____

p. _____   Date: _____

Name of the drink:_____

Difficulty ○ ○ ○ ○ ○

Ingredients:_____
_____
_____
_____
_____
_____

Instructions:_____
_____
_____
_____
_____
_____

Decorations:_____
_____
_____
_____
_____
_____

Rating
☆ ☆ ☆ ☆ ☆

Notes:_____
_____
_____
_____
_____
_____

Date: _____ **p.** _____

Name of the drink:_____

Difficulty ○ ○ ○ ○ ○

Ingredients:_____
_____
_____
_____
_____
_____
_____

Instructions:_____
_____
_____
_____
_____
_____
_____

Decorations:_____
_____
_____
_____
_____
_____

Rating
☆ ☆ ☆ ☆ ☆

Notes:_____
_____
_____
_____
_____
_____

p. _____   Date: _____

Name of the drink:_____

Difficulty ○ ○ ○ ○ ○

Ingredients:_____
_____
_____
_____
_____
_____

Instructions:_____
_____
_____
_____
_____
_____

Decorations:_____
_____
_____
_____
_____

Rating
☆ ☆ ☆ ☆ ☆

Notes:_____
_____
_____
_____
_____

Date: _____   **p.** _____

Name of the drink:_____

Difficulty ○ ○ ○ ○ ○

Ingredients:_____
_____
_____
_____
_____
_____

Instructions:_____
_____
_____
_____
_____
_____

Decorations:_____
_____
_____
_____
_____

Rating

☆ ☆ ☆ ☆ ☆

Notes:_____
_____
_____
_____
_____
_____

p. _____ Date: _____

Name of the drink: _____

Difficulty ○ ○ ○ ○ ○

Ingredients: _____
_____
_____
_____
_____
_____

Instructions: _____
_____
_____
_____
_____
_____

Decorations: _____
_____
_____
_____
_____
_____

Rating

☆ ☆ ☆ ☆ ☆

Notes: _____
_____
_____
_____
_____

Date: _____ **p.** _____

Name of the drink:_____

Difficulty ○ ○ ○ ○ ○

Ingredients:_____
_____
_____
_____
_____
_____
_____

Instructions:_____
_____
_____
_____
_____
_____
_____

Decorations:_____
_____
_____
_____
_____
_____
_____

Rating
☆ ☆ ☆ ☆ ☆

Notes:_____
_____
_____
_____
_____
_____

p. _____   Date: _____

Name of the drink: _____

Difficulty ○ ○ ○ ○ ○

Ingredients: _____
_____
_____
_____
_____
_____

Instructions: _____
_____
_____
_____
_____
_____

Decorations: _____
_____
_____
_____
_____

Rating
☆ ☆ ☆ ☆ ☆

Notes: _____
_____
_____
_____
_____

Date: _____ **p.** _____

Name of the drink:_____

Difficulty ○ ○ ○ ○ ○

Ingredients:_____
_____
_____
_____
_____
_____

Instructions:_____
_____
_____
_____
_____
_____

Decorations:_____
_____
_____
_____
_____
_____

Rating
☆ ☆ ☆ ☆ ☆

Notes:_____
_____
_____
_____
_____
_____

p. _____   Date: _____

Name of the drink: _____

Difficulty ○ ○ ○ ○ ○

Ingredients: _____
_____
_____
_____
_____
_____

Instructions: _____
_____
_____
_____
_____
_____

Decorations: _____
_____
_____
_____
_____
_____

Rating
☆ ☆ ☆ ☆ ☆

Notes: _____
_____
_____
_____
_____

Date: _____ p. _____

Name of the drink: _____

Difficulty ○ ○ ○ ○ ○

Ingredients: _____
_____
_____
_____
_____
_____
_____

Instructions: _____
_____
_____
_____
_____
_____
_____

Decorations: _____
_____
_____
_____
_____
_____

Rating
☆ ☆ ☆ ☆ ☆

Notes: _____
_____
_____
_____
_____
_____

p. _____   Date: _____

Name of the drink:_____

Difficulty ◯ ◯ ◯ ◯ ◯

Ingredients:_____
_____
_____
_____
_____
_____

Instructions:_____
_____
_____
_____
_____
_____

Decorations:_____
_____
_____
_____
_____
_____

Rating
☆ ☆ ☆ ☆ ☆

Notes:_____
_____
_____
_____
_____
_____

Date: _____   p. _____

Name of the drink:_____

　　　　　Difficulty ○ ○ ○ ○ ○

Ingredients:_____
_____
_____
_____
_____
_____
_____

Instructions:_____
_____
_____
_____
_____
_____
_____

Decorations:_____
_____
_____
_____
_____
_____

　　　　　　　　　Rating
　　　　　☆ ☆ ☆ ☆ ☆

Notes:_____
_____
_____
_____
_____
_____

p. _____   Date: _____

Name of the drink:_____

Difficulty ○ ○ ○ ○ ○

Ingredients:_____
_____
_____
_____
_____
_____

Instructions:_____
_____
_____
_____
_____
_____

Decorations:_____
_____
_____
_____
_____
_____

Rating
☆ ☆ ☆ ☆ ☆

Notes:_____
_____
_____
_____
_____
_____

Date: _____ **p.** _____

Name of the drink: _____

Difficulty ○ ○ ○ ○ ○

Ingredients: _____
_____
_____
_____
_____
_____
_____

Instructions: _____
_____
_____
_____
_____
_____
_____

Decorations: _____
_____
_____
_____
_____
_____

Rating
☆ ☆ ☆ ☆ ☆

Notes: _____
_____
_____
_____
_____
_____

p. ____ Date: _____

Name of the drink:_____

Difficulty ◯ ◯ ◯ ◯ ◯

Ingredients:_____
_____
_____
_____
_____
_____

Instructions:_____
_____
_____
_____
_____
_____

Decorations:_____
_____
_____
_____
_____
_____

Rating

☆ ☆ ☆ ☆ ☆

Notes:_____
_____
_____
_____
_____

Date: _____ p. _____

Name of the drink:_____

Difficulty ○ ○ ○ ○ ○

Ingredients:_____
_____
_____
_____
_____
_____

Instructions:_____
_____
_____
_____
_____
_____

Decorations:_____
_____
_____
_____
_____

Rating
☆ ☆ ☆ ☆ ☆

Notes:_____
_____
_____
_____
_____

p. ____ Date: _____

Name of the drink: _____

Difficulty ○ ○ ○ ○ ○

Ingredients: _____

Instructions: _____

Decorations: _____

Rating
☆ ☆ ☆ ☆ ☆

Notes: _____

Date: _____ **p.** _____

Name of the drink:_____

Difficulty ○ ○ ○ ○ ○

Ingredients:_____
_____
_____
_____
_____
_____

Instructions:_____
_____
_____
_____
_____
_____

Decorations:_____
_____
_____
_____
_____
_____

Rating
☆ ☆ ☆ ☆ ☆

Notes:_____
_____
_____
_____
_____
_____

p. _____   Date: _____

Name of the drink:_____

Difficulty ○ ○ ○ ○ ○

Ingredients:_____
_____
_____
_____
_____
_____

Instructions:_____
_____
_____
_____
_____
_____

Decorations:_____
_____
_____
_____
_____

Rating
☆ ☆ ☆ ☆ ☆

Notes:_____
_____
_____
_____
_____

Date: _____ p. _____

Name of the drink: _____

Difficulty ○ ○ ○ ○ ○

Ingredients: _____
_____
_____
_____
_____
_____

Instructions: _____
_____
_____
_____
_____
_____

Decorations: _____
_____
_____
_____
_____

Rating
☆ ☆ ☆ ☆ ☆

Notes: _____
_____
_____
_____
_____

p. _____   Date: _____

Name of the drink:_____

Difficulty ○ ○ ○ ○ ○

Ingredients:_____
_____
_____
_____
_____
_____

Instructions:_____
_____
_____
_____
_____
_____

Decorations:_____
_____
_____
_____
_____

Rating
☆ ☆ ☆ ☆ ☆

Notes:_____
_____
_____
_____
_____

Date: _____ p. _____

Name of the drink:_____

Difficulty ◯ ◯ ◯ ◯ ◯

Ingredients:_____
_____
_____
_____
_____
_____

Instructions:_____
_____
_____
_____
_____
_____

Decorations:_____
_____
_____
_____
_____

Rating
☆ ☆ ☆ ☆ ☆

Notes:_____
_____
_____
_____
_____

p. _____   Date: _____

Name of the drink:_____

Difficulty ○ ○ ○ ○ ○

Ingredients:_____
_____
_____
_____
_____
_____

Instructions:_____
_____
_____
_____
_____
_____

Decorations:_____
_____
_____
_____
_____

Rating
☆ ☆ ☆ ☆ ☆

Notes:_____
_____
_____
_____
_____

Date: _____ **p.** _____

Name of the drink:_____

Difficulty ○ ○ ○ ○ ○

Ingredients:_____
_____
_____
_____
_____
_____

Instructions:_____
_____
_____
_____
_____
_____

Decorations:_____
_____
_____
_____
_____
_____

Rating
☆ ☆ ☆ ☆ ☆

Notes:_____
_____
_____
_____
_____
_____

p. _____   Date: _____

Name of the drink:_____

Difficulty ○ ○ ○ ○ ○

Ingredients:_____
_____
_____
_____
_____
_____

Instructions:_____
_____
_____
_____
_____
_____

Decorations:_____
_____
_____
_____
_____
_____

Rating
☆ ☆ ☆ ☆ ☆

Notes:_____
_____
_____
_____
_____

Date: _____ **p.** _____

Name of the drink: _____

Difficulty ○ ○ ○ ○ ○

Ingredients: _____
_____
_____
_____
_____
_____
_____

Instructions: _____
_____
_____
_____
_____
_____
_____

Decorations: _____
_____
_____
_____
_____
_____
_____

Rating
☆ ☆ ☆ ☆ ☆

Notes: _____
_____
_____
_____
_____
_____

p. ____   Date: _____

Name of the drink:_____

Difficulty ◯ ◯ ◯ ◯ ◯

Ingredients:_____
_____
_____
_____
_____
_____

Instructions:_____
_____
_____
_____
_____
_____
_____

Decorations:_____
_____
_____
_____
_____
_____

Rating
☆ ☆ ☆ ☆ ☆

Notes:_____
_____
_____
_____
_____
_____

Date: _____   p. _____

Name of the drink: _____

Difficulty ○ ○ ○ ○ ○

Ingredients: _____
_____
_____
_____
_____
_____

Instructions: _____
_____
_____
_____
_____
_____

Decorations: _____
_____
_____
_____
_____

Rating
☆ ☆ ☆ ☆ ☆

Notes: _____
_____
_____
_____
_____
_____

p._____   Date:_____

Name of the drink:_____

Difficulty ○ ○ ○ ○ ○

Ingredients:_____
_____
_____
_____
_____
_____

Instructions:_____
_____
_____
_____
_____
_____

Decorations:_____
_____
_____
_____
_____
_____

Rating
☆ ☆ ☆ ☆ ☆

Notes:_____
_____
_____
_____
_____

Date: _____ p. _____

Name of the drink:_____

Difficulty ○ ○ ○ ○ ○

Ingredients:_____
_____
_____
_____
_____
_____

Instructions:_____
_____
_____
_____
_____
_____

Decorations:_____
_____
_____
_____
_____
_____

Rating
☆ ☆ ☆ ☆ ☆

Notes:_____
_____
_____
_____
_____
_____

p. _____   Date: _____

Name of the drink: _____

Difficulty ○ ○ ○ ○ ○

Ingredients: _____
_____
_____
_____
_____
_____

Instructions: _____
_____
_____
_____
_____
_____

Decorations: _____
_____
_____
_____
_____
_____

Rating

☆ ☆ ☆ ☆ ☆

Notes: _____
_____
_____
_____
_____

Date: _____ p. _____

Name of the drink: _____

Difficulty ○ ○ ○ ○ ○

Ingredients: _____
_____
_____
_____
_____
_____
_____

Instructions: _____
_____
_____
_____
_____
_____
_____

Decorations: _____
_____
_____
_____
_____
_____

Rating
☆ ☆ ☆ ☆ ☆

Notes: _____
_____
_____
_____
_____
_____

p. ____ Date: _____

Name of the drink:_____

Difficulty ○ ○ ○ ○ ○

Ingredients:_____
_____
_____
_____
_____

Instructions:_____
_____
_____
_____
_____

Decorations:_____
_____
_____
_____
_____

Rating
☆ ☆ ☆ ☆ ☆

Notes:_____
_____
_____
_____
_____

Date: _____ **p.** _____

Name of the drink:_____

Difficulty ○ ○ ○ ○ ○

Ingredients:_____
_____
_____
_____
_____
_____

Instructions:_____
_____
_____
_____
_____
_____

Decorations:_____
_____
_____
_____
_____

Rating
☆ ☆ ☆ ☆ ☆

Notes:_____
_____
_____
_____
_____

p. _____   Date: _____

Name of the drink:_____

Difficulty ○ ○ ○ ○ ○

Ingredients:_____
_____
_____
_____
_____
_____

Instructions:_____
_____
_____
_____
_____
_____

Decorations:_____
_____
_____
_____
_____
_____

Rating
☆ ☆ ☆ ☆ ☆

Notes:_____
_____
_____
_____
_____

Date: _____ p. _____

Name of the drink:_____

Difficulty ○ ○ ○ ○ ○

Ingredients:_____
_____
_____
_____
_____
_____

Instructions:_____
_____
_____
_____
_____
_____

Decorations:_____
_____
_____
_____
_____

Rating
☆ ☆ ☆ ☆ ☆

Notes:_____
_____
_____
_____
_____

p. _____   Date: _____

Name of the drink: _____

Difficulty ○ ○ ○ ○ ○

Ingredients: _____
_____
_____
_____
_____
_____

Instructions: _____
_____
_____
_____
_____
_____

Decorations: _____
_____
_____
_____
_____
_____

Rating
☆ ☆ ☆ ☆ ☆

Notes: _____
_____
_____
_____
_____
_____

Date: _____ **p.** _____

Name of the drink:_____

Difficulty ○ ○ ○ ○ ○

Ingredients:_____
_____
_____
_____
_____
_____
_____

Instructions:_____
_____
_____
_____
_____
_____
_____

Decorations:_____
_____
_____
_____
_____
_____

Rating
☆ ☆ ☆ ☆ ☆

Notes:_____
_____
_____
_____
_____
_____

p. _____ Date: _____

Name of the drink:_____

Difficulty ○ ○ ○ ○ ○

Ingredients:_____

_____

_____

_____

_____

Instructions:_____

_____

_____

_____

_____

Decorations:_____

_____

_____

_____

_____

Rating
☆ ☆ ☆ ☆ ☆

Notes:_____

_____

_____

_____

_____

Date: _____ **p.** _____

Name of the drink:_____

Difficulty ○ ○ ○ ○ ○

Ingredients:_____
_____
_____
_____
_____
_____

Instructions:_____
_____
_____
_____
_____
_____

Decorations:_____
_____
_____
_____
_____
_____

Rating
☆ ☆ ☆ ☆ ☆

Notes:_____
_____
_____
_____
_____
_____

p. _____ Date: _____

Name of the drink: _____

Difficulty ○ ○ ○ ○ ○

Ingredients: _____
_____
_____
_____
_____
_____

Instructions: _____
_____
_____
_____
_____
_____

Decorations: _____
_____
_____
_____
_____
_____

Rating
☆ ☆ ☆ ☆ ☆

Notes: _____
_____
_____
_____
_____

Date: _____   **p.** _____

Name of the drink: _____

Difficulty ○ ○ ○ ○ ○

Ingredients: _____
_____
_____
_____
_____
_____

Instructions: _____
_____
_____
_____
_____
_____

Decorations: _____
_____
_____
_____
_____

Rating
☆ ☆ ☆ ☆ ☆

Notes: _____
_____
_____
_____
_____

p. _____   Date: _____

Name of the drink:_____

Difficulty ○ ○ ○ ○ ○

Ingredients:_____
_____
_____
_____
_____
_____

Instructions:_____
_____
_____
_____
_____
_____

Decorations:_____
_____
_____
_____
_____
_____

Rating
☆ ☆ ☆ ☆ ☆

Notes:_____
_____
_____
_____
_____
_____

Date: _____ **p.** _____

Name of the drink:_____

Difficulty ○ ○ ○ ○ ○

Ingredients:_____
_____
_____
_____
_____
_____

Instructions:_____
_____
_____
_____
_____
_____

Decorations:_____
_____
_____
_____
_____
_____

Rating
☆ ☆ ☆ ☆ ☆

Notes:_____
_____
_____
_____
_____
_____

p. _____   Date: _____

Name of the drink:_____

Difficulty ○ ○ ○ ○ ○

Ingredients:_____
_____
_____
_____
_____
_____

Instructions:_____
_____
_____
_____
_____
_____

Decorations:_____
_____
_____
_____
_____

Rating
☆ ☆ ☆ ☆ ☆

Notes:_____
_____
_____
_____
_____

Date: _____ p. _____

Name of the drink:_____

Difficulty ○ ○ ○ ○ ○

Ingredients:_____
_____
_____
_____
_____
_____

Instructions:_____
_____
_____
_____
_____
_____

Decorations:_____
_____
_____
_____
_____
_____

Rating
☆ ☆ ☆ ☆ ☆

Notes:_____
_____
_____
_____
_____
_____

p. _____   Date: _____

Name of the drink:_____

Difficulty ○ ○ ○ ○ ○

Ingredients:_____
_____
_____
_____
_____
_____

Instructions:_____
_____
_____
_____
_____
_____

Decorations:_____
_____
_____
_____
_____
_____

Rating
☆ ☆ ☆ ☆ ☆

Notes:_____
_____
_____
_____
_____

Date: _____   p. _____

Name of the drink:_____

Difficulty ○ ○ ○ ○ ○

Ingredients:_____
_____
_____
_____
_____
_____
_____

Instructions:_____
_____
_____
_____
_____
_____
_____

Decorations:_____
_____
_____
_____
_____
_____
_____

Rating
☆ ☆ ☆ ☆ ☆

Notes:_____
_____
_____
_____
_____
_____

p. _____   Date: _____

Name of the drink:_____

Difficulty ◯ ◯ ◯ ◯ ◯

Ingredients:_____
_____
_____
_____
_____
_____

Instructions:_____
_____
_____
_____
_____
_____

Decorations:_____
_____
_____
_____
_____

Rating
☆ ☆ ☆ ☆ ☆

Notes:_____
_____
_____
_____
_____

Date: _____ **p.** _____

Name of the drink:_____

Difficulty ○ ○ ○ ○ ○

Ingredients:_____
_____
_____
_____
_____
_____
_____

Instructions:_____
_____
_____
_____
_____
_____
_____

Decorations:_____
_____
_____
_____
_____
_____

Rating
☆ ☆ ☆ ☆ ☆

Notes:_____
_____
_____
_____
_____
_____

p. ____ Date: _____

Name of the drink:_____

Difficulty ○ ○ ○ ○ ○

Ingredients:_____
_____
_____
_____
_____
_____

Instructions:_____
_____
_____
_____
_____
_____

Decorations:_____
_____
_____
_____
_____

Rating
☆ ☆ ☆ ☆ ☆

Notes:_____
_____
_____
_____
_____
_____

Date: _____ **p.** _____

Name of the drink:_____

Difficulty ○ ○ ○ ○ ○

Ingredients:_____
_____
_____
_____
_____
_____

Instructions:_____
_____
_____
_____
_____
_____

Decorations:_____
_____
_____
_____
_____
_____

Rating
☆ ☆ ☆ ☆ ☆

Notes:_____
_____
_____
_____
_____
_____

p. _____ Date: _____

Name of the drink:_____

Difficulty ○ ○ ○ ○ ○

Ingredients:_____
_____
_____
_____
_____
_____

Instructions:_____
_____
_____
_____
_____
_____

Decorations:_____
_____
_____
_____
_____
_____

Rating
☆ ☆ ☆ ☆ ☆

Notes:_____
_____
_____
_____
_____

Date: _____ p. _____

Name of the drink: _____

Difficulty ○ ○ ○ ○ ○

Ingredients: _____
_____
_____
_____
_____
_____
_____

Instructions: _____
_____
_____
_____
_____
_____
_____

Decorations: _____
_____
_____
_____
_____
_____
_____

Rating
☆ ☆ ☆ ☆ ☆

Notes: _____
_____
_____
_____
_____
_____

p. _____   Date: _____

Name of the drink:_____

Difficulty ○ ○ ○ ○ ○

Ingredients:_____
_____
_____
_____
_____
_____

Instructions:_____
_____
_____
_____
_____
_____

Decorations:_____
_____
_____
_____
_____
_____

Rating
☆ ☆ ☆ ☆ ☆

Notes:_____
_____
_____
_____
_____
_____

Date: _____ p. _____

Name of the drink:_____

Difficulty ○ ○ ○ ○ ○

Ingredients:_____
_____
_____
_____
_____
_____

Instructions:_____
_____
_____
_____
_____
_____

Decorations:_____
_____
_____
_____
_____

Rating
☆ ☆ ☆ ☆ ☆

Notes:_____
_____
_____
_____
_____

p. _____   Date: _____

Name of the drink: _____

        Difficulty ◯ ◯ ◯ ◯ ◯

Ingredients: _____
_____
_____
_____
_____
_____

Instructions: _____
_____
_____
_____
_____
_____

Decorations: _____
_____
_____
_____
_____

                Rating
        ☆ ☆ ☆ ☆ ☆

Notes: _____
_____
_____
_____
_____
_____

Date: _____   p. _____

Name of the drink:_____

Difficulty ○ ○ ○ ○ ○

Ingredients:_____
_____
_____
_____
_____
_____

Instructions:_____
_____
_____
_____
_____
_____

Decorations:_____
_____
_____
_____
_____

Rating
☆ ☆ ☆ ☆ ☆

Notes:_____
_____
_____
_____
_____
_____

p. _____   Date: _____

Name of the drink: _____

Difficulty ○ ○ ○ ○ ○

Ingredients: _____
_____
_____
_____
_____
_____

Instructions: _____
_____
_____
_____
_____
_____

Decorations: _____
_____
_____
_____
_____

Rating
☆ ☆ ☆ ☆ ☆

Notes: _____
_____
_____
_____
_____

Date: _____ p. _____

Name of the drink:_____

Difficulty ○ ○ ○ ○ ○

Ingredients:_____
_____
_____
_____
_____
_____
_____

Instructions:_____
_____
_____
_____
_____
_____
_____

Decorations:_____
_____
_____
_____
_____
_____
_____

Rating
☆ ☆ ☆ ☆ ☆

Notes:_____
_____
_____
_____
_____
_____
_____

p. _____   Date: _____

Name of the drink: _____

Difficulty ○ ○ ○ ○ ○

Ingredients: _____
_____
_____
_____
_____
_____

Instructions: _____
_____
_____
_____
_____
_____

Decorations: _____
_____
_____
_____
_____
_____

Rating
☆ ☆ ☆ ☆ ☆

Notes: _____
_____
_____
_____
_____

Date: _____ **p.** _____

Name of the drink: _____

Difficulty ○ ○ ○ ○ ○

Ingredients: _____
_____
_____
_____
_____
_____

Instructions: _____
_____
_____
_____
_____
_____

Decorations: _____
_____
_____
_____
_____

Rating
☆ ☆ ☆ ☆ ☆

Notes: _____
_____
_____
_____
_____

p. _____   Date: _____

Name of the drink:_____

Difficulty ○ ○ ○ ○ ○

Ingredients:_____
_____
_____
_____
_____
_____

Instructions:_____
_____
_____
_____
_____
_____

Decorations:_____
_____
_____
_____
_____

Rating
☆ ☆ ☆ ☆ ☆

Notes:_____
_____
_____
_____
_____
_____

Date: _____ **p.** _____

Name of the drink:_____

Difficulty ○ ○ ○ ○ ○

Ingredients:_____
_____
_____
_____
_____
_____

Instructions:_____
_____
_____
_____
_____
_____

Decorations:_____
_____
_____
_____
_____
_____

Rating
☆ ☆ ☆ ☆ ☆

Notes:_____
_____
_____
_____
_____
_____

p. _____   Date: _____

Name of the drink:_____

Difficulty ○ ○ ○ ○ ○

Ingredients:_____
_____
_____
_____
_____
_____

Instructions:_____
_____
_____
_____
_____
_____

Decorations:_____
_____
_____
_____
_____

Rating
☆ ☆ ☆ ☆ ☆

Notes:_____
_____
_____
_____
_____
_____

Date: _____ **p.** _____

Name of the drink: _____

Difficulty ○ ○ ○ ○ ○

Ingredients: _____
_____
_____
_____
_____
_____

Instructions: _____
_____
_____
_____
_____
_____

Decorations: _____
_____
_____
_____
_____
_____

Rating
☆ ☆ ☆ ☆ ☆

Notes: _____
_____
_____
_____
_____
_____